红色印迹撷英笔记本

华东师范大学出版社

中国共产党第一次全国代表大会会址纪念馆
（本照片由中国共产党第一次全国代表大会会址纪念馆提供）

天安门广场

　　中华人民共和国成立之日，北京天安门广场举行开国大典。天安门是明清两代皇城的正门，始建于明朝永乐十五年(1417年)。天安门广场位于北京市中心，南北长880米，东西宽500米，面积达44万平方米，可容纳100万人举行盛大集会。

　　广场中央矗立的人民英雄纪念碑是为了纪念在人民解放战争和人民革命中牺牲的人民英雄，镌刻着毛泽东题写的"人民英雄永垂不朽"八个鎏金大字。背面碑心由7块石材构成，内容为毛泽东起草、周恩来书写的150字碑文。巍巍天安门广场，生动记载了中国人民不屈不挠的革命精神和大无畏的英雄气概，是无数重大政治、历史事件的发生地，是中国从站起来到富起来再到强起来的历史见证。

不忘初心 牢记使命

新民学会旧址（湖南长沙）

新民学会旧址是座竹篱斜护的古朴农舍，5间青瓦白屋，几株香樟，石径弯弯，菜畦横纵。1918年4月14日，毛泽东、蔡和森等13人在此开会，成立了著名的新民学会。新民学会是五四时期以学生为主体的众多进步团体中成立最早的组织之一，并于1920年成立湖南共产主义小组，为中国革命史谱写了光辉的一页，为中国共产党的创立作了准备。抗战期间旧址毁于战火，遗址已于1972年按原貌复建。

中共一大会址（上海）　　嘉兴南湖红船

　　从上海兴业路到浙江嘉兴南湖红船，两个具有重要标志意义的中国革命原点，时隔百年，依然闪耀着时代弄潮的光芒。这里蕴含着历史风云变化，更见证了中国共产党历经苦难、辉煌，从九死一生到蓬勃兴旺，从只有50名位党员到拥有8900多万名党员、450多万个基层组织，成为世界最大执政党的可歌可泣的历程。

　　1921年7月，毛泽东、董必武等10多位有志之士，怀着对马克思主义的憧憬参加会议。受到侵扰后，代表们随后辗转来到浙江嘉兴，泛舟于"轻烟漠漠雨疏疏"的南湖之上，继续会议议程。

　　从石库门到天安门，中国共产党之所以能发展壮大，根本在于我们党能"始终同人民想在一起、干在一起"，保持初心不改、壮志豪发，在风云变幻的百年史册上留下不朽传奇。

中共二大会址(上海)

中共二大会址,位于上海南成都路辅德里625号(今老成都北路7弄30号)。会址是始建于1915年的石库门民居,曾是时任中央局宣传主任李达的寓所。

中国反帝反封建的民主革命纲领,是1922年7月16—23日在上海召开的中国共产党第二次全国代表大会正式制定的。出席这次大会的代表共12人,代表全国195名党员。

党的二大在全中国人民面前破天荒地第一次提出了明确的反帝反封建的民主革命纲领,为中国革命指明了方向。"打倒列强,除军阀"成了广大群众的共同呼声。

大会通过的《中国共产党章程》,是党成立后的第一个党章,对党员条件、党的各级组织和党的纪律等作了具体规定,明确地体现了民主集中制原则。

中国社会主义青年团中央机关旧址（上海）

中国社会主义青年团中央机关旧址坐北朝南，为两层楼砖木结构石库门建筑，位于上海市淮海中路567弄6号。1920年8月22日，在中国共产党早期组织的领导下，上海成立了社会主义青年团组织，俞秀松为书记。团的机关设在当时法租界霞飞路渔阳里6号（今淮海中路567弄6号）。随后，北京、广州、长沙、武昌等地也成立了团的组织。各地青年团组织团员学习马克思主义，参加实际斗争，为党造就了一批后备力量。

为掩护和团结进步青年，同年9月，在上海共青团机关所在地开设"外国语学社"，同时在《民国日报》上公开刊登招生广告。刘少奇、任弼时、萧劲光、罗亦农等由各地团组织推荐来"外国语学社"学习，并先后赴苏联学习。1921年11月，青年团临时章程中明确规定：在"正式团的中央机关未组成时，以上海团的机关代理中央职权"。

中共三大会址（广东广州）

　　1923年6月12日至20日，中共三大在广州恤孤院后街31号（现恤孤院路3号）召开。出席大会的代表30多人，代表全国420名党员。会址原是一幢两层砖木结构金字瓦顶的普通房子，坐西向东，门临大街。建筑呈正方形，长宽各约20米，高6米多。在楼下的会议室中央，摆放着一张西式长方台子，两边是一列长条凳，前后两端摆着小方凳。三大会址在抗日战争时期被日机炸毁，仅存遗址。

　　中共三大以后，国共合作的步伐大大加快了。党的三大正确地估计了孙中山的革命立场和国民党进行改组的可能性，决定共产党员以个人身份加入国民党。

不忘初心　牢记使命

二七纪念塔（河南郑州）

  二七纪念塔位于河南省郑州市二七广场，是为了纪念京汉铁路大罢工和牺牲的先烈而修建的。

  1923年2月1日，京汉铁路工人在郑州举行总工会的成立大会，遭到军阀吴佩孚的破坏和阻挠。2月4日，京汉铁路举行全线总罢工，在长达1000余公里的京汉铁路上，3万名工人在3小时内有条不紊地举行了总同盟罢工，"为争自由而战，为争人权而战"。

  二七大罢工充分显示了中国工人阶级最勇猛的奋斗精神和最伟大的牺牲精神。2月7日，反动军阀残酷镇压罢工工人，共产党员林祥谦、施洋壮烈牺牲，造成震惊中外的二七惨案。在这次惨案中，前后牺牲者52人，受伤者300余人，被捕入狱者40余人，被开除而流亡者1000余人。1951年，在先烈洒下鲜血的地方开辟了二七广场。1971年7月，在二七广场上修建二七纪念塔。二七纪念塔是二七斗争精神的象征，并成为郑州市的标志性建筑。

中共三大后中央局机关历史纪念馆（上海）
（本照片由中共三大后中央局机关历史纪念馆提供）

　　中共三大后中央局机关历史纪念馆坐落于上海市浙江北路118号，是一幢有着80多年历史的三层红墙小楼，总建筑面积达1100余平方米。

　　1923年9月至1924年6月，中共三大后中央局机关从广州迁回上海，在临山路一带的"三曾里"办公。中央局贯彻了中共三大制定的统一战线方针，促进了国共合作，加强了党的组织建设，汇集了革命力量，形成了反对帝国主义与封建军阀的革命新局面。

　　该馆于2007年1月正式开放，总展厅面积达600余平方米。中心展区主题是"党史辉煌、永恒丰碑"，运用缩微模型、地图、影视资料播放等多种展陈手段。其中，毛泽东同志在"三曾里"的工作生活场景复原是馆内展览的最大亮点。

不忘初心 牢记使命

不忘初心 牢记使命

韶山毛泽东同志纪念馆（湖南韶山）
（本照片由韶山毛泽东同志纪念馆提供）

韶山毛泽东同志纪念馆原名韶山毛泽东同志旧居陈列馆，地处毛泽东诞生地湖南省韶山市韶山冲，是全国唯一一家系统展示毛泽东生平业绩、思想和人格风范的纪念性博物馆，也是全国优秀爱国主义教育示范基地、全国廉政教育基地、国家一级博物馆。

山川秀美，伟人故里。该馆位于毛泽东故居南侧约 500 米处，水泥砖木混合结构，总占地面积约 98667 平方米，总建筑面积 32955 平方米，总陈列展览面积 16453 平方米。辖区范围包括生平展区、专题展区、旧址群，周边部分山林、水田、水塘，馆藏文物、资料 6 万余件，其中毛泽东珍贵生活遗物 6400 多件。自 1964 年 10 月 1 日建成开放以来，接待国内外观众上亿人次，其中党和国家领导人及社会著名人士 300 余位，外国国家领导人和政党领袖近 300 位。

不忘初心 牢记使命

不忘初心 牢记使命

周恩来故居（江苏淮安）

　　总理故里，巍巍丰碑。周恩来故居，位于江苏省淮安市西北隅的驸马巷内。1898年3月5日，周恩来诞生在这个院落东侧的一间房子里。故居大门向北有三间面向西的房屋，是周恩来童年读书的地方。1979年3月5日，正式对外开放。现在的周恩来故居由东西相连的两个宅院组成，共有大小房屋32间，为青砖、灰瓦、木结构。

　　周恩来，籍贯浙江绍兴，生于江苏淮安。早年留学日本、法国、德国、英国等地，为旅法共产主义小组骨干。1917年9月，为寻求革命真理，东渡日本。出国前夕，写下一首七言绝句："大江歌罢掉头东，邃密群科济世穷。面壁十年图破壁，难酬蹈海亦英雄。"

浙江省永嘉县红十三军军部旧址

安源路矿工人运动纪念馆(江西萍乡)

安源路矿工人运动纪念馆是纪念性革命博物馆,位于江西省萍乡市安源区安源镇,距萍乡市城区6公里。前身是创办于1956年的安源路矿工人俱乐部遗址陈列室,1969年开放,1984年8月改现名。

安源路矿共有工人1.7万余人。1922年9月初,毛泽东到安源对罢工进行部署。9月14日罢工开始,由于工人的英勇斗争和社会各界的声援,路矿当局被迫接受保障工人政治权利、改良工人待遇等大部分条件,坚持了3天的安源罢工宣告胜利结束。工人俱乐部成员迅速由罢工前的700人发展到1万余人。

安源路矿工人运动纪念馆坐北朝南,占地面积约13万平方米,建筑面积3245平方米,陈列面积2400平方米。馆内藏品共有6000多件,珍贵藏品300多件。其中有《安源旬刊》、工人消费合作社的股票和购物证。

不忘初心 牢记使命

广西农讲所（广西南宁）

　　广西农民运动讲习所是大革命时期，国共两党在广西南宁合作创办的培养农民运动骨干的学校。旧址原名北帝岩，后改名列宁岩，位于广西壮族自治区东兰县武篆镇巴学村，分别距县城、武篆镇38公里和4公里，是个天然石洞，洞口宽64米，洞高43米，纵深137米，洞内宽敞明亮，干燥平坦，可容纳数千人，农讲所就设在洞内大厅。1978年，中共中央副主席叶剑英题写了"广西农民运动讲习所旧址"，放大后刻在岩洞口。

　　1926年，农讲所第一期招生130人，于3月1日开始招生，修业期六个月。教员主要由共产党员陈勉恕、张胆、宁培英等担任。在国共两党共同领导下，大革命时期的广西农民运动有了比较迅速的发展。到1927年春，广西全省农会遍及60余县市，会员达23万余人，成为当时全国农民运动较为发达的省份之一。

中共四大纪念馆(上海)
(本照片由中共四大纪念馆提供)

中共四大纪念馆坐落于上海四川北路公园内,纪念馆建设工程启动于 2011 年 1 月,2012 年 9 月 7 日对外开放。

为了加强对日益高涨的革命运动的领导,以迎接大革命高潮的到来,中国共产党于 1925 年 1 月 11 日至 22 日在上海举行第四次全国代表大会。出席大会的代表 20 人,代表全国 994 名党员。中共四大原址在虹口区东宝兴路 254 弄 28 支弄 8 号,当年的房屋已于"一·二八"事变中毁于战火。

大会的重大历史功绩在于:一是提出了中国无产阶级在民主革命时期的领导权问题;二是提出了工农联盟问题,指出中国革命需要"工人农民及城市中小资产阶级普遍的参加",其中农民是"重要成分",他们"天然是工人阶级之同盟者";三是对中国民主革命的内容作了更加完整的规定。1925 年,在中国共产党的领导下,全国工农运动高涨,革命形势迅猛发展。

不忘初心　牢记使命

中共五大会址(湖北武汉)

中共五大会址纪念馆位于武汉市武昌都府堤20号的中华路小学谭秋校区，始建于1918年，学宫式建筑面积约4000平方米，建设规模系国内党代会纪念馆之最。2007年11月，纪念馆建成开放。

在大革命的紧急关头，中国共产党于1927年4月27日至5月9日在武汉举行第五次全国代表大会。出席大会的代表82人，代表全国57967名党员。大会的主要任务是接受共产国际执委会第七次扩大会议关于中国问题的决议案，纠正陈独秀的机会主义错误，并决定党的重大方针政策。中共五大实际上并未解决挽救时局的问题。

大会正式提出党内实行民主集中制的组织原则，并选举产生了党的历史上第一个中央纪律检查监督机构——中央监察委员会，这在党的建设史上有重要意义。

赵世炎故居（重庆）

赵世炎故居位于重庆市酉阳县龙潭古镇，占地1605平方米，建筑面积710平方米。其建筑为清代砖木结构四合院，共有房屋32间。旧居大门上方，有邓小平现场手书"赵世炎同志故居"字迹。

赵世炎，1901年4月13日生于四川酉阳（现属重庆市），字琴生，号国富，笔名施英，中国共产党早期杰出的无产阶级革命家、卓越的马克思主义理论传播者、中国共产党组织的创建者之一、著名的工人运动领袖。

1926年，赵世炎在上海连续发动了100多次罢工斗争。1926年10月至次年3月，和周恩来、罗亦农等组织领导了上海三次工人武装起义。1927年7月2日，因叛徒出卖，赵世炎不幸被捕，19日，英勇就义于上海龙华枫林桥，时年26岁。

中华全国总工会旧址（广东广州）

中华全国总工会旧址是中华全国总工会成立后的第一个总部所在地，在广东省广州市越秀南路93号，原为惠州会馆，1924年为国民党中央工人总部，1925年中华全国总工会迁此。

1925年5月7日，在中国共产党的领导下，第二次全国劳动大会（简称全总）在广州召开，决定成立中华全国总工会，选举林伟民、刘少奇为正副委员长，苏兆征、邓中夏、李立三、李森等为执行委员。全总成立后，领导了反对帝国主义的上海"五卅"运动和省港大罢工，大力发展各地工会组织，统一广东和香港的工人运动，支援国民政府统一广东革命根据地和北伐战争，成为大革命时期领导全国工人运动的中心，为推进工会事业发展作出了不可磨灭的贡献。

北伐汀泗桥战役遗址（湖北咸宁）

　　北伐汀泗桥战役遗址位于湖北省咸宁市城西南汀泗桥镇西侧，占地面积20万平方米。1926年8月，国民革命军北伐挺进武汉，叶挺率领的独立团奋勇击扼守于此的军阀吴佩孚军队，夺取汀泗桥。1929年在此兴建了国民革命军第四军北伐阵亡将士墓和纪念碑、方锥形纪念碑、长方形券顶墓、六角方圆顶纪念亭，庄严肃穆。北伐汀泗桥战役遗址于1988年1月13日被国务院公布为第三批全国重点文物保护单位。

不忘初心　牢记使命

不忘初心 牢记使命

不忘初心 牢记使命

毛泽东同志主办的中央农民运动讲习所旧址（湖北武汉）

武昌中央农民运动讲习所全称"国民党中央农民讲习所"，位于武昌红巷13号。它是第一次国共合作时期，在中国共产党的推动下，由国共两党共同创办的一所培养农民运动干部的学校。1958年对旧址进行了修缮整理，筹建纪念馆，由周恩来亲笔题写"毛泽东同志主办的中央农民运动讲习所旧址"匾额。

"烟雨莽苍苍，龟蛇锁大江。"武汉是毛泽东革命生涯的重要一站。在这里，他曾广泛探讨农民运动，并最终找到了农民运动的出路。1927年3月7日，设在武昌的中央农民运动讲习所开课，学员有来自17个省的739人。这期讲习所的许多学员在半年后成为各地农民武装起义的骨干。

八七会议会址纪念馆(湖北武汉)

八七会议会址位于湖北省武汉市汉口鄱阳街139号。会址为一栋三层的西式楼房,建于1920年,1978年建立纪念馆对外开放。

南昌起义后的第六天,中共中央在湖北汉口召开紧急会议(即八七会议),着重批评了大革命后期以陈独秀为首的中央所犯的右倾机会主义错误。毛泽东在发言中指出:"以后要非常注意军事。须知政权是由枪杆子中取得的。"会议确定了实行土地革命和武装起义的方针,使党在政治上前进了一大步。中国革命从此开始由大革命失败到土地革命战争兴起的历史性转变。

八七会议见证了中国共产党历史上第一次伟大的转折。会议的不足之处是在反对右倾错误时没有注意防止"左"的错误。党内"左"倾情绪在这次会议上虽然是次要的,但其发展给后来的中国革命造成很大危害。

瞿秋白同志故居（江苏常州）

　　瞿秋白，生于1899年1月，就义于1935年6月，江苏省武进县人，与共产党早期领袖恽代英、张太雷并称为"常州三杰"，是中国共产党早期的主要领导人之一。1927年，在"八七会议"上，瞿秋白被选任临时中央政治局常委，并主持中央工作。1935年2月26日，瞿秋白在福建省长汀县水口镇小径村被国民党军队逮捕。同年6月18日在长汀县罗汉岭英勇就义。

　　"赤潮澎湃，晚霞飞动。"瞿秋白作为著名的革命家和知识分子，拥有诸多第一：第一个翻译《国际歌》歌词，第一个系统译介马克思文艺理论和苏俄作品，第一个把新生的苏维埃共和国介绍到中国。鲁迅书赠瞿秋白的对联"人生得一知己足矣，斯世当以同怀视之"充分说明了他们之间的相知与信任。

广西壮族自治区东兰县武篆镇旧学村广西农讲所

中共中央机关旧址（湖北武汉）

　　武汉中共中央机关旧址位于湖北省武汉市胜利街 165 号。1926 年底至 1927 年夏，大革命中心移师武汉，中共中央机关由上海迁到武汉，将中共中央秘书厅设于汉口俄租界四民街 61 号、62 号（现胜利街 165 号、167 号）。这里是中共中央政治局常委会开会和秘书厅办公的地方。陈独秀、蔡和森、瞿秋白、周恩来、毛泽东等数十位党中央重要领导人在此居住或从事过重要革命活动。在汉期间，中国共产党面对大革命由高潮转向失败的严峻形势，中共五大和八七会议相继召开，作出了发动南昌起义和秋收起义等一系列影响历史进程的重大决策，实现了由大革命失败到土地革命战争兴起的历史性转折。

不忘初心　牢记使命

不忘初心 牢记使命

不忘初心 牢记使命

八一南昌起义纪念馆（江西南昌）

　　八一南昌起义是中国共产党为反击国民党当权派屠杀共产党人和工农群众，挽救革命，于1927年8月1日在江西省城南昌发动的武装起义。

　　1927年大革命失败后，中共中央临时政治局决定利用共产党掌握和影响下的国民革命军在南昌举行起义，并指派周恩来为起义领导机关前敌委员会书记。

　　1927年8月1日凌晨2时，周恩来、贺龙、叶挺、朱德、刘伯承等指挥各路起义军向驻守南昌的国民党军队发动进攻，经过四个多小时的激战，占领了全城。1933年7月1日，中华苏维埃共和国临时中央政府决定，自是年起，每年8月1日为中国工农红军成立纪念日。中华人民共和国成立后，将此纪念日改称为中国人民解放军建军节。

广州起义烈士陵园(广东广州)

　　1927年大革命失败后,为了挽救革命,1927年7月中旬,刚组成的中共中央政治局临时常委会毅然决定以武装斗争反抗国民党的反动统治。继南昌起义和秋收起义之后,中国共产党又于1927年12月11日发动了广州起义。起义由中共广东省委书记张太雷和叶挺、恽代英、叶剑英等领导。国民革命军第四军教导团全部以及工人赤卫队等攻打位于维新路(今广州起义路)的广东省立公安局。12日下午广州苏维埃政府在此宣布成立。广州起义失败后广州苏维埃政府随即废止。

　　广州起义是对国民党反动派屠杀政策的又一次英勇反击。广州起义烈士陵园,修建于1954年,是纪念1927年12月11日广州起义烈士的纪念性公园,位于广州市中山二路92号,占地18万平方米。广州起义纪念馆,即广州公社旧址,位于广州市起义路200号之一。1987年,旧址得到维修复原,成立了广州起义纪念馆。

不忘初心　牢记使命

龙华革命烈士纪念地（上海）

  龙华革命烈士纪念地位于上海市徐汇区龙华路 2591 号和 2577 号内以及 2501 弄 1 号，由原国民党淞沪警备司令部旧址和龙华革命烈士就义地两部分组成。

  1927 年至 1937 年，多达 9000 名社会人士先后被关押在此，其中 800 人遭到枪杀，可核实具体姓名的遇害人已有 100 余名，包括于 20 世纪 20 年代遇害的陈延年、罗亦农、赵世炎、彭湃、杨殷等中共早期重要领导人和优秀党员，以及 1931 年 2 月 7 日晚在此遭到集体枪杀的龙华二十四烈士。抗日战争爆发后，上海沦陷，淞沪警备司令部被撤销，旧址建筑大部被毁。

  "龙华千古仰高风，壮士身亡志未穷。"1988 年 1 月 13 日，龙华革命烈士纪念地被国务院公布为第三批全国重点文物保护单位。现就义地上立有"龙华革命烈士就义地"纪念碑，纪念碑后有一棵枯死的大树，上面遍布弹痕。

不忘初心　牢记使命

井冈山会师地（江西）

　　井冈山会师是指1928年4月28日，毛泽东率领的秋收起义部队与朱德、陈毅领导的湘南起义和贺龙领导的南昌起义部分部队，在位于江西省西南部的井冈山胜利会师。

　　1928年4月28日，在毛泽东率领的工农革命军的掩护和接应下，两支部队安全转移到达井冈山，在宁冈砻市同毛泽东领导的秋收起义部队会师。1928年6月4日，根据中共中央指示，会师部队改称为工农红军第四军，朱德任红四军军长，毛泽东任党代表，陈毅任政治部主任。井冈山会师极大地打击了国民党反动派的嚣张气焰，巩固壮大了全国第一个农村革命根据地——井冈山革命根据地的武装力量，是中国人民解放军建军史上的重要历史事件。

不忘初心　牢记使命

不忘初心　牢记使命

八角楼毛泽东旧居（江西宁冈）

　　八角楼毛泽东旧居位于江西省宁冈县茅坪村。茅坪在该县东南16公里处，距茨坪36公里。

　　大革命失败后，1927年10月7日，工农革命军在毛泽东的率领下从古城出发，当天到达茅坪，进行创建革命根据地、开展工农武装割据的斗争。

　　八角楼因有八角天窗而得名。当年毛泽东居住在左侧进深第四间的楼上。1927年10月至1929年2月，毛泽东在这里写下了《中国的红色政权为什么能够存在？》、《井冈山的斗争》等光辉著作。

不忘初心　牢记使命

左右江红七军军部旧址（广西百色）

在广西百色，粤东会馆是值得人们骄傲的。它坐落在百色市繁华的解放街中心，面临风景优美的右江河，占地面积2330平方米。当年邓小平等老一辈革命家就是在这里运筹、指挥百色起义的。

1929年12月11日，邓小平、张云逸、雷经天、韦拔群等领导广西警备第四大队、教导总队和右江农军在百色起义，建立中国工农红军第七军，张云逸任军长，邓小平任中共红七军前敌委员会书记、军政治委员。1930年2月1日，邓小平、李明瑞、俞作豫等领导龙州起义，创建了红八军和左江苏维埃政府，初步形成左右江革命根据地。不久，红八军遭敌袭击而失败，余部转移到右江编入红七军。红七军是一支伴随着百色起义诞生、以广西少数民族为主的部队。

邓小平同志故居（四川广安）

  邓小平故居位于四川省广安市广安区。1904 年 8 月 22 日，邓小平诞生在四川省广安市广安区协兴镇牌坊村的一座普通农家三合院里，并在这里度过了他青少年时期的 15 个春秋。故居座东朝西，由东、南、北三组单层建筑组成，整个院子占地 833.4 平方米，共 17 间房屋，悬山式木结构小青瓦屋面，穿斗式承重体系，其工艺精湛，风格独特，是典型的川东民居建筑。1998 年 2 月，江泽民亲笔题写"邓小平同志故居"匾额。

鄂豫皖革命根据地旧址（河南新县）

  鄂豫皖革命根据地位于湖北、河南、安徽三省边界的大别山区，是红四方面军、红二十五军、红二十八军的诞生地。全盛时期包括20余县的地区，拥有约350万人口，主力红军达4.5万余人，地方武装、民兵20余万人。

  1931年初，红军攻克新县新集，使之发展成为鄂豫皖革命根据地的政治、经济、文化中心。同年5月、7月，中央鄂豫皖分局和革命军事委员会、鄂豫皖苏维埃政府相继成立。11月，成立了中国工农红军第四方面军。1932年1月，组成中共鄂豫皖省委。至此，以大别山为中心的鄂豫皖根据地形成。鄂豫皖革命根据地旧址群包括中共中央鄂豫皖分局旧址、红四方面军总部旧址等。

不忘初心 牢记使命

不忘初心 牢记使命

不忘初心 牢记使命

金寨县革命博物馆（安徽金寨）
（本照片由安徽省金寨县党史局提供）

金寨县革命博物馆位于安徽省六安市金寨县梅山镇红村，与革命烈士纪念塔交相辉映，于1983年5月6日立夏节起义54周年时建成开馆。

"一寸山河一寸血，一抔热土一抔魂。"金寨县位于鄂豫皖三省接合部、大别山腹地。回望过去的烽火岁月，金寨人民以大无畏的牺牲精神，为中国革命事业建立了彪炳史册的功勋。这里曾两次举行武装起义，组建了11支主力红军队伍，先后有十万青年参加革命，1955年、1964年授少将以上军衔59人，被誉为"红军的故乡"、"将军的摇篮"。

1982年11月，邓小平同志题写"金寨县革命博物馆"馆名。该馆为水泥框架结构组合式建筑，馆高14.1米，占地面积8300平方米。馆内陈展区分为序厅、光辉历程、将星璀璨、红星闪耀、杰出代表、英名长存、继往开来七个部分。

陕西省延安市枣园旧址

古田会议会址（福建龙岩）

古田会议会址位于福建省龙岩市上杭县古田镇采眉岭笔架山下，是一座清代四合院式宗祠建筑，由前后厅和左右厢房组成，建筑面积826平方米。

1929年12月28日至29日，120多位代表参加红四军第九次代表大会，这就是著名的古田会议。大会通过了八个决议案，其中最重要的是关于纠正党内错误思想的决议案。中心思想是要用无产阶级思想进行军队和党的建设，确立了人民军队建设的基本原则，核心内容是党指挥枪，不是枪指挥党。《古田会议决议》是中国共产党和红军建设的纲领性文献，是党和人民军队建设史上的里程碑，具有十分重要的意义，产生了极其深远的影响。

泰宁红军街(福建泰宁)

　　福建泰宁红军街原名岭上街,位于福建省泰宁县城。泰宁地势险要,具有十分重要的战略地位,是当年中央苏区东北方向的重要屏障、福建苏区与闽赣苏区的主要通道。

　　从第二次反"围剿"到第五次反"围剿",红军曾于1931年6月、1932年10月和1933年7月三入泰宁。泰宁县城岭上街,是一条明清风格的古巷,全长380米,门楼上书的"红军街"横匾字迹清晰可见。红军街上有保存最完好的红军总部遗址,是名副其实的"红军心脏"。1933年8月中旬,朱德、周恩来率领的红军总部及红一方面军总部从江西东移,经建宁抵达泰宁,入驻岭上街12号陈家大院,在这里"赤化千里,筹款百万",运筹帷幄,指挥入闽作战和江西抚河以东地域红军作战。"红军井"彰显鱼水情深,巨幅文告见证红色岁月。陈家大院主幢面宽16.65米,进深45米,共28间,面积750余平方米;左右铺房多达70余间,总占地2000多平方米。

厦门破狱斗争旧址（福建厦门）

厦门破狱斗争旧址位于福建省厦门市思明区思明南路451号，1912年，厦门设思明县时改为思明县监狱。该址现存监狱部分，占地面积800多平方米，现存牢房五座。

1930年3月为纪念北京"三一八"惨案，中共厦门市委领导的厦门反帝大同盟举行纪念大会，国民党当局逮捕了近20名共产党人和进步人士，关押在思明监狱内的"政治犯"增加到40余人，其中包括时任厦门市委书记刘端生和共青团福建省委书记陈柏生。

1930年5月25日上午9时，中共福建省委积极营救，采取武装劫狱行动的破狱特别委员会实施了劫狱计划。在陶铸领导下，武装队打死看守人员，用大铁钳剪断铁锁，救出关押的同志。冲出监狱的40多位同志乘坐两只木船隐蔽、整休，后转移到闽西革命根据地。

不忘初心 牢记使命

不忘初心 牢记使命

陕甘边照金革命根据地旧址(陕西铜川)

陕甘边照金革命根据地位于陕西省铜川市耀州区北54公里处,地处陕西、甘肃交界处,以耀州区西北部照金镇为中心,面积2500平方公里,人口3万—4万。

1932年2月,谢子长、刘志丹率领中国工农红军陕甘游击队抵达照金。1933年4月初,在照金召开了陕甘边革命委员会。同年12月,陕甘游击队改编为中国工农红军第26军。

"朝雾弥琼宇,征马嘶北风。"1933年,这里曾发生一场历史上有名的武装反对国民党反动派的薛家寨保卫战。当时,照金革命根据地的建立和王泰吉领导的耀县起义,沉重地打击了国民党和封建军阀在陕甘宁一带的反动统治。1934年秋,红军和游击队主力返回照金,全面恢复并巩固了照金革命根据地,直到中华人民共和国成立。

不忘初心 牢记使命

遵义会议纪念馆（贵州遵义）

"雄关漫道真如铁，而今迈步从头越。"

1935年1月15日至17日，中共中央在遵义召开政治局扩大会议。会议集中全力解决当时具有决定意义的军事和组织问题。遵义会议开始确立以毛泽东同志为主要代表的马克思主义正确路线在中共中央的领导地位，从而在极其危急的情况下挽救了党，挽救了红军，挽救了中国革命。

遵义是转折之城、会议之都。遵义会议会址，位于贵州省遵义市红花岗区老城子尹路96号，会址房屋原为国民党军第25军第二师师长柏辉章的私邸。占地面积528平方米，建筑面积428.48平方米。遵义会议会议室在二楼，是一间长方形的房间，面积27平方米。

不忘初心　牢记使命

宛平城及卢沟桥（北京）

宛平城是华北地区唯一保存完整的两开门卫城，全城东西长640米，南北宽320米，总面积20.8万平方米，位于城西的卢沟桥是北京进出内蒙古高原、南下中原的咽喉要道，是南来北往的商旅必经之地。

卢沟桥始建于1189年。桥身护栏雕刻的大小卧伏石狮约有500个，神态各异，栩栩如生。桥东的碑亭内立有清乾隆题"卢沟晓月"汉白玉碑，为燕京八景之一。

1937年7月7日，日本侵略军在卢沟桥附近进行挑衅演习，并进而挑起事端炮轰宛平城，第29军驻军忍无可忍，奋起抗击，打响了中华民族全面抗击日本侵略者的第一枪。"七七事变"就此爆发。29日晚城池遂陷。1945年，日本宣布投降，宛平城随同北平一起回到祖国怀抱。

平型关战役遗址（山西繁峙、灵丘）

平型关战役是抗战期间太原会战中的一场战役。平型关战役遗址位于山西省繁峙、灵丘县交界处。平型关古名瓶形寨，为兵家必争之地，关前有一条狭长的古道。

1937年9月24日晚，八路军第115师沿着崎岖的山路秘密地向平型关挺进。拂晓前，部队到达白崖台一线，埋伏在公路两侧十几里长的山地里。晚8时30分，敌主力部队进入老爷庙附近，八路军第115师设伏部队向敌人展开猛烈攻击，并于第二天清晨成功伏击了日本侵略军板垣师团第二十一旅团主力及其辎重车辆，歼敌1000余人，缴获大量武器弹药和军用物资。

平型关大捷是八路军出师华北抗日战场后的首战，同时也是全国抗战爆发以来中国军队的第一个伟大胜利，打破了日军不可战胜的神话，极大地鼓舞了中国人民抗日斗争的士气。

不忘初心 牢记使命

不忘初心 牢记使命

王若飞故居(贵州安顺)

王若飞故居始建于清代,位于贵州省安顺市内若飞大道北道中段东侧,是我国老一辈无产阶级革命家王若飞出生和居住过的地方。

王若飞,1896年10月11日出生于贵州安顺城北,中国共产党早期革命家、著名"四八"烈士。1922年加入中国共产党,1927年5月当选为中共中央委员。1931年任中共西北特区委书记,在延安时期历任十八集团军延安总部副总参谋长、中央党务研究室主任、中共中央秘书长等职。1945年8月王若飞作为中共代表团代表之一,与毛泽东、周恩来赴重庆谈判,同国民党政府签订了著名的《双十协定》。1946年4月8日,王若飞因飞机失事不幸遇难,时年50岁。

八路军西安办事处旧址在陕西省西安市北新街七贤庄。"西安事变"和平解决后,1937年9月由秘密交通站改为八路军驻西安办事处,是全国所有的八路军、新四军办事处中成立最早、坚持时间最长、影响最大的办事机构,在维护和推动全民族抗日运动的发展,为八路军采买、转运物资,组织爱国青年奔赴延安等方面做了大量的工作,为抗战胜利作出了巨大贡献。周恩来、朱德、刘少奇等多次来此,并指导工作。1946年6月蒋介石发动全面内战后,9月办事处撤回延安。

八路军西安办事处纪念馆建于1959年。馆内收藏有文物460多件、资料525件、回忆录623篇及照片3000张。这里记录了八路军西安办事处1936年到1946年间作为"红色堡垒"、"红色兵站"、"红色桥梁"的历史。

不忘初心 牢记使命

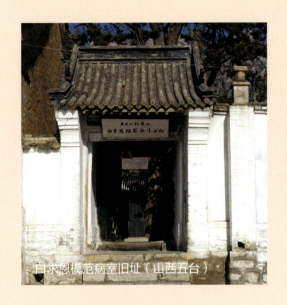

白求恩模范病室旧址（山西五台）

白求恩模范病室旧址在山西五台县城东45公里的松岩口村。

诺尔曼·白求恩(1890—1939)，加拿大共产党员，著名的胸外科医生，伟大的国际共产主义战士。抗战全面爆发后，白求恩率领美、加医生等组成的医疗队来到解放区，救治抗日受伤将士。

在晋察冀军区后方医院，白求恩亲自设计并参加施工，于1938年将松岩口村龙王庙改建成有手术室、消毒室、医务室、洗涤室、病房等设施的外科病室。这个外科病室被晋察冀军区司令部命名为"白求恩模范病室"，对改进晋察冀边区医疗卫生工作和救治伤病员，起了积极的示范作用。毛泽东在《纪念白求恩》一文中表达了对白求恩逝世的深切悼念，并号召全党同志学习白求恩的国际主义精神、毫不利己专门利人的精神和对技术精益求精的精神。

不忘初心 牢记使命

重庆市沙坪坝区化龙桥红岩村13号八路军重庆办事处旧址

新四军军部旧址（安徽宣城）

新四军军部旧址位于安徽省宣城泾县城西25公里的云岭镇罗里村，建于1915年，曾是北洋军阀张勋的公馆，内有两栋砖木结构楼房和一栋平房，属中西合璧的古建筑。

"七七事变"后，南方八省十四地区红军游击队改编为国民革命军陆军新编第四军（简称新四军）。1938年起新四军军部驻扎于云岭山区，完成了组建新四军的艰巨任务，由红军游击健儿组成的新四军走出深山老林，走上了北上抗日征途，成为华中抗日的中流砥柱，为中华民族的解放事业建立了不朽功勋。

不忘初心 牢记使命

不忘初心　牢记使命

红岩遗址（重庆）

　　红岩村位于渝中区化龙桥附近，北濒嘉陵江。1930年代，进步人士饶国模女士将其经营的红岩村"刘家花园"房屋提供给八路军作办事处。

　　1938年10月，日本侵略军占领广州、武汉，国民党政府迁都重庆。作为中共代表的周恩来，以及董必武、林伯渠、吴玉章、叶剑英、王若飞、邓颖超等同志也相继抵达重庆，组成了以周恩来为书记的中共中央南方局。当时的南方局和八路军驻重庆办事处都设在红岩村。1945年，毛泽东从延安到重庆与国民党进行谈判的43天内，住在红岩村13号，红岩村成了举世瞩目的政治活动中心。

不忘初心　牢记使命

冉庄地道战遗址（河北保定）

冉庄地道战遗址地处华北平原中部、河北省保定市西南30公里处的清苑县冉庄，是抗日战争时期中国人民抗击日本侵略者的一处重要战争遗址。

地道战是抗日战争时期，在华北平原上抗日军民利用地道打击日本侵略者的作战方式。冉庄人民于1938年春开始挖地洞，并由单口洞逐步发展为双口洞、多口洞。地道一般宽0.7米至0.8米，高约1米至1.5米，上距地面2米多。地道以十字街为中心，挖成4条干线地道，形成了户村相连、四通八达、能攻能守、长达15公里的地道网。抗日战争和解放战争时期，冉庄人民利用地道优势，配合武工队、野战军对敌作战157次，歼敌2100余名，其中较大的战役5次。冉庄荣获了"地道战模范村"的称号。

不忘初心　牢记使命

中共七大会址(陕西延安)

中共七大会址位于陕西省延安市宝塔区桥沟镇杨家岭村中央大礼堂。

该礼堂是由中国共产党培养的当时延安自然科学院的杨作才设计的,由当地民工和军队共同修建,于1942年竣工落成。1945年4月23日至6月11日,中国共产党第七次全国代表大会在此召开,出席大会的代表共755人,代表全党121万名党员,分为中直、西北、晋绥等8个代表团。大会通过了新的党章,确定以马克思列宁主义与中国革命实践相统一的毛泽东思想作为全党一切工作的指针。

1945年6月11日,大会隆重闭幕。毛泽东在闭幕词中向全党发出了鼓舞人心的号召:"下定决心,不怕牺牲,排除万难,去争取胜利。"

不忘初心 牢记使命

不忘初心 牢记使命

延安革命纪念馆(陕西延安)

  延安革命纪念馆创建于1950年,原址在凤凰山麓,1960年代末至1970年代初,建新馆。2009年8月28日,于王家坪革命旧址西边落成新馆并全面对外开放。

  纪念馆由大门正厅和观众休息厅组成。整个建筑呈长方形,正门庄严宏伟,展厅高大宽敞,建筑设计富有我国民族特色。纪念馆展出的大量珍贵革命文物、文献和照片,按历史顺序分列11个单元,400多米长的展览大厅,以1000多幅历史照片和800多件革命文物,生动、形象地再现了1937年10月至1948年3月近11年间,党中央和毛泽东同志在延安和陕甘宁边区领导中国人民英勇斗争的光辉历史。

不忘初心 牢记使命

南京雨花台（江苏南京）

　　雨花台位于江苏省南京市中华门外，是一座高约60米的山冈。这里曾是刑场，有近10万革命烈士在此遇难。中华人民共和国成立后，这里修建了烈士陵园。园中坐落着烈士群雕、纪念碑、纪念馆等建筑。

　　烈士群雕高10.03米，宽14.2米，厚5.6米，由179块花岗岩拼装而成，重达1300多吨，塑造了9位先烈形象，是中国目前同类题材中最大最重的花岗岩石雕。沿群雕大道而上，可到达烈士纪念碑。与纪念碑遥相对应的是烈士纪念馆。其正门横额上方是用花岗岩雕琢的"日月同辉"图案，象征烈士精神与天地共存，与日月同辉。

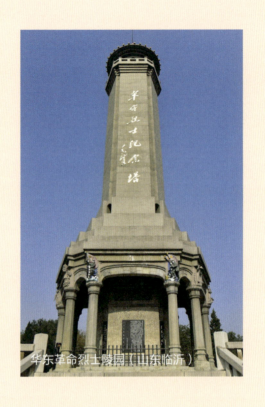

华东革命烈士陵园（山东临沂）

华东革命烈士陵园位于山东省临沂市城区，沂河西岸。1949年4月，山东省人民政府为纪念在抗日战争和解放战争中牺牲的华东地区革命烈士而建，是华东地区最大的革命烈士陵园。

陵园南北长650米，东西宽300米，占地面积约19万平方米。以45米高的五角灯塔式革命烈士纪念塔为中心，塔身正面，镶有毛泽东亲笔题写的"革命烈士纪念塔"7个鎏金大字，每字平均高1.5米，数里之外，清晰可辨。

红旗渠（河南林州）
（本照片由林州市政府提供）

河南林县（今林州市）原是个土薄石厚、水源奇缺的贫困山区。为改变因缺水造成的穷困，林县人民从1960年2月开始修建红旗渠，十万开山者，历时十年，绝壁穿石，挖渠千里，最终于1969年7月，将中华民族的一面精神之旗，插在了太行之巅。

"北国风光最胜处，太行山上红旗渠。"红旗渠工程之艰巨，工程美学价值之高，堪称人间奇迹。

不忘初心 牢记使命

不忘初心　牢记使命

莲花山公园（广东深圳）

深圳市莲花山公园位于深圳市中心区的最北端，海拔500多米，占地面积194万平方米。

公园的山顶广场中央矗立着改革开放总设计师邓小平的青铜塑像，塑像的造型为具有动感的、小平同志大步向前走路的姿态。江泽民为铜像题字。莲花山公园筹建于1992年10月，1997年6月23日正式开放。

1984年1月24日，邓小平视察深圳、珠海、厦门3个经济特区。26日，邓小平为深圳特区题词："深圳的发展和经验证明中国建立经济特区的政策是正确的。"

"东方风来满眼春。"1992年初春，88岁高龄的邓小平再次踏上这片改革热土，对特区经过十年建设所取得的成就给予很高的评价，并明确指出，特区姓"社"不姓"资"，使十多年来一直争论不休的是非得到了澄清，改革开放伟大事业演绎了生动的春天的故事。

深圳博物馆（广东深圳）

　　深圳博物馆位于广东省深圳市福田区福中路市民中心A区，北靠莲花山公园，南临深南大道，是一座以地志性为主的综合类博物馆，是深圳文物收藏和历史研究中心。该馆始建于1981年，于1988年11月开馆，占地面积约3.7万平方米，建筑面积1.8万平方米。

　　"古代深圳"、"近现代深圳"、"深圳改革开放史"以及"深圳民俗文化"等主题展览，组成一条奇特的"时间隧道"，让人们穿越时空去领略"一夜之城"奇迹背后的6000多年文明变迁，感知从酝酿、建立到发展、完善的完整脉络，见证这座改革开放前沿城市的前世今生。

不忘初心　牢记使命

不忘初心 牢记使命

河南省林州市红旗渠
（本照片由林州市政府提供）

图书在版编目（CIP）数据

初心——红色印迹撷英笔记本/李作言编著.—上海：华东师范大学出版社，2018
ISBN 978-7-5675-7598-1

Ⅰ.①初... Ⅱ.①李... Ⅲ.①革命纪念地—介绍—中国 Ⅳ.K878.23

中国版本图书馆CIP数据核字（2018）第066922号

——红色印迹撷英笔记本

编　　著	李作言	客服电话	021-62865537
图片提供	斯飞小组	门市（邮购）电话	021-62869887
	中国共产党第一次全国代表大会会址纪念馆	地　　址	上海市中山北路3663号华东师范大学校内先锋路口
	中共三大后中央局机关历史纪念馆	网　　店	http://hdsdcbs.tmall.com
	韶山毛泽东同志纪念馆	印 刷 者	上海中华商务联合印刷有限公司
	中共四大纪念馆	开　　本	787×1092 32开
	安徽省金寨县党史局	印　　张	6.75
	林州市政府	字　　数	72千字
		版　　次	2018年5月第1版
组稿编辑	王　焰　张俊玲	印　　次	2018年5月第1次
项目编辑	袁梦清	印　　数	10100
责任校对	时东明	书　　号	ISBN 978-7-5675-7598-1/D·219
装帧设计	卢晓红　刘怡霖	定　　价	45.00元

出版发行　华东师范大学出版社
社　　址　上海市中山北路3663号　　　　出 版 人　王　焰
邮　　编　200062
网　　址　www.ecnupress.com.cn　　　　（如发现本版图书有印订质量问题，请寄回本社
电　　话　021-60821666　　　　　　　　客服中心调换或电话021-62865537联系）
行政传真　021-62572105